JUGEMENT SOUVERAIN

DES REQUÊTES ORDINAIRES

DE L'HÔTEL DU ROI,

Qui décharge Anne-Rose Cabibel, *veuve de* JEAN CALAS, *Marchand à Toulouse;* Jean-Pierre Calas, *son fils;* Jeanne Viguiere, *Fille de service chez ledit Calas;* Alexandre-François-Gualbert Lavaysse:

ET LA MÉMOIRE dudit défunt Jean Calas, *de l'accusation contre eux intentée.*

Du 9 Mars 1765.

A

Extrait des Registres des Requêtes ordinaires, de l'Hôtel du Roi au Souverain.

ENTRE le Procureur général du Roi, demandeur, d'une part ; Et Anne-Rose Cabibel, veuve de Jean Calas, Marchand à Toulouse ; Jean-Pierre Calas, fils dudit Jean Calas ; Alexandre - François - Gualbert Lavaysse, & Jeanne Viguiere, Fille de service chez ledit défunt Jean Calas ; tous défendeurs & accusés, détenus ès prisons de la Conciergerie du Palais, d'autre part.

Procédure faite par les Capitouls de Toulouse.

VU par les Maîtres des Requêtes ordinaires de l'Hôtel du Roi, Juges souverains en cette partie, tous les Quartiers assemblés, le procès-verbal dressé par le sieur François-Raymond David de Baudrigue, Capitoul de la ville de Toulouse, le 13 octobre 1761, de la descente par lui faite, assisté du sieur Monnyer son Assesseur, & de main-forte, en la maison de Jean Calas, de l'enlèvement & transport du cadavre de Marc-Antoine Calas, fait de ladite maison en l'hôtel de ville de Toulouse, & de la conduite faite audit hôtel de ville, de Jean Calas, Anne-Rose Cabibel sa femme, Jean-Pierre Calas son fils, Jeanne Viguiere leur fille de service, du sieur Lavaysse, & d'une espèce d'Abbé, trouvés dans la maison & dans la chambre dudit Calas père: Le rapport fait le 14 octobre 1761, par Jean-Pierre Latour, Professeur royal en médecine, Médecin ordinaire de l'hôtel-Dieu Saint-Jacques de ladite ville de Toulouse; Jean-Antoine Peyronnet, & Jean-Pierre Lamarque, Maîtres en chirurgie de ladite ville, en la maison dudit Jean Calas, de l'état du cadavre dudit Marc-Antoine Calas; l'audition d'office faite par ledit sieur David, dudit Jean Calas le 13 octobre 1761; l'audition d'office de ladite Anne-Rose Cabibel, le même jour; l'audition d'office dudit Jean-Pierre Calas, du même jour; l'audition d'office dudit Lavaysse, du même jour; l'audition d'office de Jeanne Viguiere, fille de service chez ledit Jean Calas, du même jour; l'audition d'office de Jean-Pierre Cazaing, Marchand à Toulouse, du même jour: l'ordonnance de soit communiqué au Procureur du Roi, du même jour. Le réquisitoire du

A ij

Procureur du Roi, du 14 octobre 1761, tendant à ce qu'il fût enquis à sa requête, du contenu audit procès-verbal du 13 du même mois, comme aussi à ce que le cadavre de Marc-Antoine Calas fût embaumé ou mis dans la chaux-vive pour être conservé, & déposé ensuite dans un lieu assuré ; & à ce que lesdits Jean Calas, Anne-Rose Cabibel sa femme, Jean-Pierre Calas leur fils, Jeanne Viguiere & ledit Lavaysse fussent écroués: La Sentence des Capitouls de Toulouse du 14 octobre 1761, portant qu'à la requête du Procureur du Roi, il seroit enquis du contenu au procès-verbal du 13 dudit mois; comme aussi que le cadavre de Marc-Antoine Calas seroit embaumé & mis dans la chaux-vive pour être conservé, & déposé ensuite dans un lieu assuré, & que lesdits Jean Calas, Anne-Rose Cabibel, Jean-Pierre Calas, Jeanne Viguiere & ledit Lavaysse seroient écroués; le décret d'écrou décerné par lesdits Capitouls le 14 octobre 1761, contre lesdits Jean Calas, Anne-Rose Cabibel, Jean-Pierre Calas, Jeanne Viguiere & ledit Lavaysse; l'exploit de signification à eux faite dudit décret, à la requête du Procureur du Roi, le même jour ; le brief *intendit* fourni le même jour par le Procureur du Roi pour l'audition des témoins ; autre brief *intendit* fourni par le Procureur du Roi le 5 novembre 1761, pour ouïr en témoin le sieur Laplaigne, Prêtre: Les exploits d'assignation donnés à la requête du Procureur du Roi, aux différens particuliers y dénommés, à l'effet de déposer, en date des 14, 15, 16, 17, 19, 20, 21, 22, 24, 26, 27, 28, 30 & 31 octobre, 1.er, 2, 4, 5, 6 & 7 novembre 1761 : L'information faite par ledit sieur David Capitoul, le 14 octobre 1761 & jours suivans, jusques & compris le 7 novembre de la même année, composée de quatre-vingt-sept témoins: Le décret de prise-de-corps décerné par lesdits Capitouls le 15 octobre 1761, contre lesdits Jean Calas, Anne-Rose Cabibel, Jean-Pierre Calas, Jeanne Viguiere & ledit Lavaysse ; le procès-verbal de leurs écrous, du même jour, ès prisons de l'hôtel de ville de Toulouse, contenant signification dudit décret ; l'interrogatoire dudit Jean Calas, du même jour ; l'interrogatoire de ladite

A iij

Cabibel, femme Calas, du même jour; l'interrogatoire dudit Jean-Pierre Calas, du même jour; l'interrogatoire dudit Lavaysse, du même jour; l'interrogatoire de ladite Jeanne Viguiere, du même jour: L'ordonnance dudit sieur David, Capitoul, du même jour, rendue sur le réquisitoire du Procureur du Roi, portant nomination d'office du sieur Lamarque, Chirurgien-juré, à l'effet de procéder à l'ouverture du cadavre de Marc-Antoine Calas, pour reconnoître l'état dudit cadavre, & s'il s'y trouvoit des alimens récens, & être dressé rapport dudit état, & des circonstances & conjectures d'icelui; ladite ordonnance contenant aussi la prestation de serment dudit Lamarque à cet effet; le rapport fait par ledit Lamarque, Maître en chirurgie, le même jour de l'ouverture par lui faite dudit cadavre: La requête présentée aux Capitouls par le Procureur du Roi, tendante à ce qu'il fût fait une descente dans la maison dudit Jean Calas, par l'un des Capitouls, en présence dudit Procureur du Roi, pour être reconnus, si faire se pouvoit, les instrumens de la défaite de Marc-Antoine

Calas, ensemble les lieux de ladite maison, comme aussi être vérifié s'il y avoit des fosses ou sépultures préparées ou autres dispositions, donnant des indices, même en y appelant des Experts d'office, le cas y échéant: L'ordonnance desdits Capitouls, du 16 octobre 1761, portant qu'il seroit procédé à ladite descente & vérification: Le procès-verbal de visite & descente dans la maison dudit Jean Calas, du même jour: Les chefs de Monitoire fournis par le Procureur du Roi le 17 octobre 1761; la requête présentée aux Capitouls par le Procureur du Roi à fin de permission de faire publier & afficher lesdits chefs de Monitoire; l'ordonnance desdits Capitouls du 17 octobre 1761, portant permission d'obtenir, & faire publier & afficher lesdits chefs de Monitoire; la requête présentée par le Procureur du Roi à l'Archevêque de Toulouse, tendante à ce qu'il fût ordonné que lesdits chefs de Monitoire seroient publiés en la forme ordinaire, pendant trois Dimanches consécutifs; l'ordonnance du Vicaire général du 17 octobre 1761, portant permission de publier Monitoire; les lettres de Monitoire du 21 octobre 1761; les publications faites dudit Monitoire ès paroisses de Saint-Étienne, Saint-Cernin, la Dalbade, la Daurade, le Taur, Saint Nicolas, Saint-Pierre & Saint-Michel, les 18 & 25 octobre, 1.er & 8 novembre 1761; les révélations faites les 18, 20, 24, 25, 29, 30 & 31 octobre, 1.er, 2, 3, 5, 6, 7 & 15 novembre 1761 : Le brief *intendit* fourni par le Procureur du Roi le 19 octobre 1761, à l'effet de réitérer l'interrogatoire desdits Jean Calas, Anne-Rose Cabibel, Jean-Pierre Calas, Jeanne Viguiere & Lavaysse; l'interrogatoire dudit Jean Calas, du même jour; l'interrogatoire de ladite Anne-Rose Cabibel, du 20 octobre 1761; l'interrogatoire dudit Jean-Pierre Calas, du 19 du même mois; l'interrogatoire dudit Lavaysse, du 20 du même mois; l'interrogatoire de ladite Viguiere, du même jour; les itératives lettres de Monitoire, du 21 octobre 1761; l'interrogatoire de ladite Viguiere, du 23 dudit mois. La requête présentée auxdits Capitouls par ledit Lavaysse, tendante à ce que le décret contre lui décerné fût cassé, & à ce qu'il fût relaxé de l'accusation contre lui portée; en conséquence, qu'il fût ordonné que son écrou seroit barré, & ledit Lavaysse mis hors des prisons; & subsidiairement, au cas de plus longue instruction du procès, son élargissement provisoire lui fût accordé sous l'offre qu'il faisoit de se représenter & remettre toutes les fois qu'il seroit ordonné; au pied de laquelle requête est l'ordonnance dudit David, Capitoul, du 27 octobre 1761, portant jonction aux charges : Le réquisitoire du Procureur du Roi, du 27 octobre 1761, à ce qu'il fût ordonné qu'il seroit extraordinairement procédé contre lesdits Jean Calas, Anne-Rose Cabibel, Jean-Pierre Calas, Lavaysse & Viguiere, à l'effet de quoi les témoins ouïs, & autres qui pourroient l'être de nouveau, seroient récolés en leurs dépositions, & si besoin étoit, confrontés auxdits Calas, Cabibel, Lavaysse & Viguiere; & iceux accusés, confrontés, si besoin étoit, les uns aux autres sur leurs interrogatoires déjà rendus ou autres qui pourroient leur être faits : La sentence desdits Capitouls, du 27 octobre 1761, portant qu'à la diligence du Procureur du Roi, & dans le délai de l'ordonnance, il seroit extraordinairement procédé contre lesdits Jean Calas, Anne-Rose Cabibel, Jean-Pierre Calas, Lavaysse & Viguiere, à l'effet de quoi les témoins ouïs, & qui pourroient l'être, seroient récolés en leurs dépositions, & confrontés auxdits accusés si besoin étoit; comme aussi que lesdits accusés seroient respectivement confrontés les uns aux autres sur leurs interrogatoires rendus, & autres qui pourroient leur être faits; l'exploit de signification faite de ladite sentence le 29 octobre 1761, auxdits Calas, Cabibel, Lavaysse & Viguiere; les exploits d'assignations donnés aux différens témoins, à l'effet d'être récolés & confrontés les 29, 30 & 31 octobre, 1.er, 2, 3, 4, 5, 6, 7 & 10 novembre 1761; les récolemens faits le 29 octobre 1761 & jours suivans, jusques & compris le 10 novembre suivant, de trente-six des témoins ouïs en l'information : L'ordonnance du 4 novembre 1761, rendue sur le réquisitoire du Procureur du Roi, contenant transport desdits Capitouls en la chambre de la gêne de l'hôtel de ville de Toulouse, & mesure faite en leur présence, par Lamarque,

Chirurgien par eux mandé à cet effet, de la longueur du cadavre de Marc-Antoine Calas; les confrontations faites audit Jean Calas, le 29 octobre 1761 & jours suivans, jusques & compris le 5 novembre de la même année, de vingt-un des témoins ouïs en l'information; les confrontations faites à ladite Cabibel le 29 octobre 1761 & jours suivans, jusques & compris le 4 novembre de la même année, de huit des témoins ouïs en l'information, les confrontations faites audit Jean-Pierre Calas, le 29 octobre 1761 & jours suivans, jusques & compris le 5 novembre de la même année, de dix-sept des témoins ouïs en l'information; les confrontations faites audit Lavaysse le 29 octobre 1761 & jours suivans, jusques & compris le 5 novembre de la même année, de dix témoins ouïs en l'information; les confrontations faites à ladite Viguiere le 29 Octobre 1761 & jours suivans, jusques & compris le 7 novembre de la même année, de neuf des témoins ouïs en l'information. La requête présentée auxdits Capitouls par le Procureur du Roi, à fin d'inhumation du cadavre de Marc-

Antoine Calas, dans le délai de vingt-quatre heures au cimetière de la paroisse Saint Étienne, sur laquelle il avoit son domicile; l'ordonnance desdits Capitouls, du 7 novembre 1761, portant que le cadavre dudit Marc-Antoine Calas seroit inhumé dans le délai de vingt-quatre heures, en la forme ordinaire, dans le cimetière de Saint Étienne, sur laquelle paroisse il avoit son domicile. Le procès-verbal du 8 novembre 1761, contenant transport des sieurs David & Chirac Capitouls, & du sieur Carbonnet Assesseur, dans la maison & magasin de Jean Calas, & visite de la porte dudit magasin; le brief *intendit*, fourni par le Procureur du Roi le 7 novembre 1761, à l'effet d'interroger ledit Jean Calas; l'interrogatoire dudit Jean Calas, du 8 du même mois; le brief *intendit*, fourni par le Procureur du Roi, le 7 dudit mois, à l'effet d'interroger ladite Cabibel; l'interrogatoire de ladite Cabibel du 9 du même mois; le brief *intendit*, fourni par le Procureur du Roi le 7 dudit mois, à l'effet d'interroger ledit Jean-Pierre Calas; l'interrogatoire dudit Jean-Pierre Calas, du 8 du même mois; le brief *intendit*, fourni par le Procureur du Roi le 7 dudit mois, à l'effet d'interroger ledit Lavaysse; l'interrogatoire dudit Lavaysse du 8 du même mois; le brief *intendit*, fourni par le Procureur du Roi le même jour, à l'effet d'interroger ladite Viguiere; l'interrogatoire de ladite Viguiere, du 9 du même mois; les confrontations respectives faites le même jour, entre lesdits Jean Calas, Jean-Pierre Calas & Lavaysse; les confrontations respectives faites le même jour, entre lesdits Jean Calas, Jean-Pierre Calas, Lavaysse & Jeanne Viguiere: La requête présentée auxdits Capitouls, par le Procureur du Roi, tendante à ce que les confrontations respectives d'entre lesdits Calas père & fils, Lavaysse & Jeanne Viguiere, du 9 novembre 1761, fussent cassées, comme contraires pour la forme, à l'ordre judiciaire; & qu'il fût ordonné qu'elles seroient refaites & répétées: L'ordonnance desdits Capitouls, du même jour, par laquelle lesdites confrontations ont été cassées & déclarées nulles; & il a été ordonné qu'elles seroient répétées & refaites en la forme ordinaire; la confrontation respective faite ledit jour, entre ledit Jean Calas & ladite Cabibel; la confrontation respective faite le 10 du même mois, entre ledit Jean Calas & Jean-Pierre Calas; la confrontation respective faite le même jour, entre ledit Jean Calas & Lavaysse; la confrontation respective faite le même jour, entre ledit Jean Calas & Jeanne Viguiere; la confrontation respective faite ledit jour, entre ledit Jean-Pierre Calas & Lavaysse; la confrontation respective faite ledit jour, entre ledit Jean-Pierre Calas & Jeanne Viguiere : Les conclusions définitives du Procureur du Roi; l'interrogatoire sur la sellette, subi par ledit Jean Calas le 18 du même mois; l'interrogatoire sur la sellette, subi par ladite Cabibel le même jour; l'interrogatoire sur la sellette, subi par ledit Jean-Pierre Calas le même jour; l'interrogatoire sur la sellette, subi par ledit Lavaysse le même jour; l'interrogatoire sur la sellette, subi par ladite Jeanne Viguiere le même jour; le procès-verbal des opinions desdits Capitouls & Assesseurs : La sentence desdits Capitouls, dudit jour 18 novembre 1761,

Sentence des Capitouls.

par laquelle avant faire droit définitivement, il a été ordonné que lesdits Jean Calas, Jean-Pierre Calas & Anne-Rose Cabibel femme dudit Jean Calas, seroient appliqués à la question ordinaire & extraordinaire, avec la réserve des preuves; & que lesdits Lavaysse & Jeanne Viguiere seroient seulement présentés à la question, pour, sur le rapport fait du verbal de torture, être ensuite dit droit définitivement aux parties, ainsi qu'il appartiendroit; & au surplus, que le nommé Claude Espaillac garçon perruquier, chez Durand maître perruquier, vingt-unième témoin au cahier de continuation d'information, seroit pris au corps, à la diligence du Procureur du Roi: Le procès-verbal du même jour de lecture & prononciation faite auxdits Jean Calas, Cabibel, Jean-Pierre Calas, Lavaysse & Jeanne Viguiere, de ladite sentence; ledit procès-verbal contenant l'appel par eux interjeté d'icelle: L'appel *à minimâ*, interjeté de ladite sentence, par le Procureur du Roi, contenant son réquisitoire, à ce que lesdits Calas père & fils, Cabibel, Lavaysse &

Appels de leur Sentence.

Viguière fussent envoyés au Palais, & mis aux fers; l'inventaire de l'extrait de la procédure faite de l'autorité desdits Capitouls;

<small>Procédure faite au Parlement de Toulouse.</small> L'arrêt du Parlement de Toulouse, du 5 décembre 1761, par lequel la sentence desdits Capitouls, du 18 novembre précédent, a été cassée, avec défenses auxdits Capitouls d'ordonner à l'avenir que les prévenus seroient seulement présentés à la question, sans y être appliqués; & avant dire droit sur l'instance d'excès, il a été ordonné, qu'à la diligence du Procureur général du Roi, l'inquisition commencée seroit continuée; le brief *intendit*, fourni par le Procureur général du Roi, à l'effet d'ouïr différens particuliers en déposition; autre brief *intendit*, fourni par le Procureur général du Roi, aux mêmes fins; autre brief *intendit*, fourni par le Procureur général du Roi, aux mêmes fins; autre brief *intendit*, fourni par le Procureur général du Roi, aux mêmes fins: La lettre missive anonyme, écrite audit Lavaysse, datée à Toulouse du 15 octobre 1761, au soir; autre lettre missive anonyme, écrite à Jean-Pierre Calas, de la même date; Les exploits
d'assignations

d'assignations donnés à différens particuliers, à la requête du Procureur général du Roi du Parlement de Toulouse, les 7, 8, 11, 12, 13, 18, 20, 22, 23, 25, 26, 27, 28 & 29 décembre 1761; 13, 18, 23 & 28 janvier 1762, à l'effet d'être ouïs en dépositions dans la continuation d'informations ordonnée par ledit arrêt du 5 décembre 1761; la continuation d'information faite le 8 décembre 1761 & jours suivans, jusques & compris le 1.er février 1762, composée de soixante-deux témoins; les exploits d'assignations donnés aux différens témoins, à la requête du Procureur général du Roi, les 8, 12, 18, 22 & 31 décembre 1761; 3, 4, 5, 7, 8, 9, 10, 12, 13, 14, 15, 16, 28 & 29 janvier & 1.er février 1762, à l'effet d'être récolés & confrontés: Les récolemens faits le 8 décembre 1761 & jours suivans, jusques & compris le 1.er février 1762, de quarante-un des témoins ouïs en ladite continuation d'information; les confrontations faites le 8 décembre 1761 & jours suivans, jusques & compris le 1.er février 1762, audit Jean Calas, de vingt-six des témoins ouïs en

B

ladite continuation d'information ; les confrontations faites le 8 décembre 1761 & jours-suivans, jusques & compris le 16 janvier 1762, à ladite Cabibel, de dix-sept des témoins ouïs en ladite continuation d'information ; les confrontations faites le 8 décembre 1761 & jours suivans, jusques & compris le 29 janvier 1762, audit Jean-Pierre Calas, de vingt-neuf des témoins ouïs en ladite continuation d'information ; les confrontations faites le 8 janvier 1762, jusques & compris le 29 du même mois audit Lavaysse, de douze des témoins ouïs en ladite continuation d'information ; les confrontations faites le 31 décembre 1761 & jours suivans, jusques & compris le 16 janvier 1762, à ladite Jeanne Viguiere de neuf des témoins ouïs en ladite continuation d'information : La requête présentée au Parlement de Toulouse par le Procureur général du Roi, tendante à ce qu'il lui fût permis de se retirer par-devers l'Archevêque, pour obtenir une nouvelle & dernière publication du Monitoire publié, & la fulmination d'icelui; & ce, sans préjudice de l'appel comme d'abus, interjeté dudit Monitoire, par ledit Jean Calas, nonobstant ledit appel & toutes autres oppositions & appellations quelconques, & sans y préjudicier: L'arrêt du Parlement de Toulouse du 10 décembre 1761, par lequel il a été permis au Procureur général du Roi, de se retirer par-devers l'Archevêque de Toulouse, pour obtenir une nouvelle & dernière publication dudit Monitoire, & ensuite la fulmination d'icelui: La requête présentée à l'Archevêque de Toulouse par le Procureur général du Roi, tendante à ce que ledit Monitoire fût publié une quatrième & dernière fois; l'ordonnance du Vicaire général de l'Archevêque de Toulouse, du 11 décembre 1761, portant que le Dimanche suivant il seroit fait une quatrième & dernière publication dudit Monitoire, avec injonction aux Curés & Vicaires qui feroient ladite publication, d'annoncer que le Dimanche 20 du même mois, il seroit procédé à la fulmination dudit Monitoire, contre les non révélans; la requête présentée à l'Archevêque de Toulouse par le Procureur général du Roi, à fin de fulmination dudit Monitoire dans les endroits où il avoit été publié; l'ordonnance du Vicaire général de l'Archevêque de Toulouse, du 18 décembre 1761, portant fulmination dudit Monitoire; les révélations faites les 13, 14, 15, 16, 17, 18 & 19 décembre 1761; 11 & 14 janvier 1762; l'interrogatoire dudit Jean Calas du 3 février 1762; la lettre missive signée Tessier, écrite audit Jean Calas à Montpellier, datée à Toulouse du 17 juin 1761: La sommation faite le 16 novembre 1761, à la requête dudit Jean Calas, au Trésorier des Pénitens-blancs de la ville de Toulouse, de déclarer pourquoi la compagnie desdits Pénitens avoit assisté à l'enterrement de Marc-Antoine Calas, & avoit fait faire un service pour le repos de son ame; & dans le cas où ladite Compagnie prétendroit que ledit Marc-Antoine Calas auroit été reçu parmi lesdits Pénitens, d'exhiber le registre des réceptions, & de donner un extrait de la réception dudit Marc-Antoine Calas; ensuite de laquelle sommation est la réponse dudit Trésorier, portant que c'étoit uniquement le zèle de la Compagnie qui l'avoit portée à faire ce service.

pour l'ame du défunt, & pour le plus grand souvenir & gloire de Dieu; & que c'étoit d'ailleurs sur ce que le sieur Calas fils cadet, avoit dit audit Trésorier, que le défunt son frère, devoit incessamment se faire recevoir dans la susdite Archi-confrairie; les conclusions définitives du Procureur général du Roi. L'arrêt du Parlement de Toulouse, du 9 mars 1762, par lequel ledit Jean Calas père a été déclaré atteint & convaincu du crime d'homicide, par lui commis sur la personne de Marc-Antoine Calas son fils aîné; pour réparation de quoi, il a été condamné à être livré ès mains de l'Exécuteur de la haute Justice; pour, tête & pieds nuds, en chemise, la hart au col, être par lui monté sur le chariot à ce destiné, & être conduit devant la porte principale de l'église de Toulouse, où étant à genoux, tenant en ses mains une torche de cire jaune allumée, du poids de deux livres, ledit Exécuteur lui feroit faire amende-honorable & demander pardon à Dieu, au Roi & à la Justice de ses crimes & méfaits; ce fait, être remonté sur ledit chariot & conduit à la place Saint-

Arrêt du Parlement de Toulouse.

George de ladite ville de Toulouse, où sur un échaffaud qui y seroit à cet effet dressé, il auroit, par ledit Exécuteur, les bras, jambes, cuisses & reins rompus, ensuite exposé sur une roue qui seroit dressée tout auprès dudit échaffaud, la face tournée vers le Ciel, pour y vivre en peine & répentance de sesdits crimes & méfaits, servir d'exemple & donner de la terreur aux méchans, tout autant qu'il plairoit à Dieu lui donner de vie, & son corps mort être jeté dans un bûcher ardent, préparé à cet effet sur ladite place, pour y être consumé par les flammes, & ensuite ses cendres jetées au vent; ledit Jean Calas préalablement appliqué à la question ordinaire & extraordinaire, pour tirer de lui l'aveu de son crime, complices & circonstances; & condamné en outre en cent sous d'amende envers le Roi, ses biens déclarés acquis & confisqués à qui de droit appartiendroit, la troisième partie d'iceux, distraite en faveur de sa femme & de ses enfans, s'il en avoit; & il a été ordonné qu'il seroit sursis au jugement desdits Jean-Pierre Calas, Anne-Rose Cabibel, Lavaysse & Jeanne Viguiere jufqu'après le verbal de torture & l'exécution de mort dudit Jean Calas, rapporté & communiqué au Procureur général; pour être enfuite contr'eux ordonné ce qu'il appartiendroit; ledit Jean Calas a été condamné aux dépens; les dépens entre le Procureur général & lefdits Jean-Pierre Calas, Anne-Rofe Cabibel & Jeanne Viguiere demeurans réfervés; l'exécution dudit arrêt, contre ledit Jean Calas feulement, renvoyée devant les Capitouls de Touloufe commis quant à ce; le procès-verbal de torture & d'exécution de mort dudit Jean Calas, du 10 mars 1762; conclufions définitives du Procureur général du Roi du 11 dudit mois: L'arrêt du Parlement de Touloufe, du 18 du même mois, par lequel, pour les cas réfultans du procès, ledit Jean-Pierre Calas a été condamné au banniffement perpétuel hors du royaume, avec défenfes de rompre fon ban, à peine de la vie; à l'effet de quoi, il a été ordonné qu'il feroit remis à l'Exécuteur de la haute Juftice, pour être par lui conduit hors la porte Saint-Michel de ladite ville de Touloufe, & y être par lui banni; fes biens

Autre Arrêt du Parlement de Touloufe.

déclarés acquis & confisqués à qui de droit appartiendroit, la troisième partie d'iceux, distraite en faveur de sa femme & de ses enfans, s'il en avoit; lesdits Anne-Rose Cabibel, Lavaysse & Jeanne Viguiere ont été mis hors de cour & de procès; ledit Jean-Pierre Calas condamné aux dépens, même en ceux réservés; dépens entre le Procureur général du Roi & lesdits Cabibel, Lavaysse & Viguiere, compensés; l'inventaire de la procédure faite au Parlement de Toulouse; l'inventaire général des procédures faites, tant par les Capitouls qu'au Parlement de Toulouse.

Arrêt du Conseil d'État du Roi, qui casse les deux arrêts du Parlement de Toulouse, & qui renvoie le procès aux Requêtes de l'Hôtel.

L'ARRÊT du Conseil d'État privé du Roi, du 4 juin 1764, rendu sur la requête présentée par Anne-Rose Cabibel veuve dudit Jean Calas; Louis & Jean-Donat Calas leurs fils, & Anne-Rose & Anne Calas leurs filles, par lequel, faisant droit sur ladite requête, Sa Majesté a cassé la Sentence des Capitouls de Toulouse, du 27 octobre 1761, en ce qu'en ordonnant que les accusés seroient confrontés les uns aux autres, il n'avoit pas été ordonné qu'ils seroient récolés sur leurs interrogatoires;

ce faisant, a cassé les confrontations desdits accusés, faites sans avoir préalablement procédé à leurs récolemens; en conséquence, a cassé lesdits arrêts du Parlement de Toulouse des 9 & 18 mars 1762, & tout ce qui a suivi lesdits arrêts; a évoqué, Sa Majesté, à soi & à son Conseil le procès criminel, jugé par lesdits arrêts; & icelui, circonstances & dépendances, a renvoyé aux sieurs Maîtres des Requêtes de son Hôtel au Souverain, pour y être ordonné, & fait le récolement desdits accusés, & ensuite être procédé à de nouvelles confrontations desdits accusés, les uns aux autres, & à telles instructions qu'il appartiendroit; pour ce fait, être statué sur ledit procès; à l'effet de quoi, Sa Majesté a ordonné que les charges & procédures apportées au greffe du Conseil, seroient portées à celui desdites Requêtes de l'Hôtel, même les confrontations déclarées nulles par ledit arrêt, lesquelles serviroient de mémoire seulement: Le jugement souverain desdites Requêtes de l'Hôtel, du 27 novembre 1764, rendu sur le réquisitoire du Procureur général du Roi, par lequel il a été ordonné que ledit

Procédure faite aux Requêtes de l'Hôtel.

arrêt du Conseil du 4 juin précédent, seroit enregistré au greffe desdites Requêtes de l'Hôtel, pour être exécuté selon sa forme & teneur; l'enregistrement dudit arrêt fait en conséquence le même jour audit greffe: Le jugement souverain desdites Requêtes de l'Hôtel, rendu sur le réquisitoire du Procureur général du Roi le 2 mars 1765, par lequel il a été ordonné qu'Anne-Rose Cabibel veuve Jean Calas, Jean-Pierre Calas, Alexandre-François-Gualbert Lavaysse & Jeanne Viguiere seroient récolés en leurs interrogatoires, & confrontés les uns aux autres; pour le tout, fait & communiqué au Procureur général du Roi, être par lui requis, & par lesdits Maîtres des Requêtes ordonné ce qu'il appartiendroit: L'ordonnance du sieur Dupleix de Bacquencourt Maître des Requêtes, Rapporteur, du 4 mars 1765, à l'effet d'assigner lesdits Anne-Rose Cabibel, Jean-Pierre Calas, Lavaysse & Jeanne Viguiere prisonniers ès prisons de la conciergerie du Palais, pour être récolés en leurs auditions d'office & interrogatoires, & confrontés les uns aux autres, en exécution dudit jugement souverain du 2 dudit mois de mars; l'exploit d'assignation donné en conséquence, à la requête du Procureur général du Roi, le même jour, à ladite veuve Calas & auxdits Calas, Lavaysse & Viguiere; le récolement fait ledit jour 4 mars 1765, de ladite veuve Calas en ses auditions d'office & interrogatoires; le récolement fait le même jour dudit Jean-Pierre Calas en ses auditions d'office & interrogatoires; le récolement fait le même jour dudit Alexandre-François-Gualbert Lavaysse en ses auditions d'office & interrogatoires; le récolement fait le même jour de ladite Jeanne Viguiere en ses auditions d'office & interrogatoires: L'ordonnance dudit sieur Dupleix de Bacquencourt, Maître des Requêtes, Rapporteur, du 5 mars 1765, à l'effet d'assigner ladite veuve Calas & lesdits Calas, Lavaysse & Viguiere, pour être confrontés les uns aux autres en exécution dudit jugement souverain du 2 du même mois; l'exploit d'assignation donnée en conséquence à la requête du Procureur général du Roi, le même jour, à ladite veuve Calas, &

auxdits Calas, Lavaysse & Viguiere; les confrontations faites ledit jour 5 mars 1765, desdits Jean-Pierre Calas, Lavaysse & Jeanne Viguiere, chacun séparément, à ladite veuve Calas; les confrontations faites le même jour de ladite veuve Calas, dudit Lavaysse chacun séparément, audit Jean-Pierre Calas: L'ordonnance dudit sieur Dupleix de Bacquencourt, Maître des Requêtes, Rapporteur, du 6 mars 1765, à l'effet d'assigner ladite veuve Calas, & lesdits Calas, Lavaysse & Viguiere, pour être confrontés les uns aux autres en exécution dudit jugement souverain du 2 du même mois; exploit d'assignation donnée en conséquence le même jour, à la requête du Procureur général du Roi, à ladite veuve Calas, & auxdits Calas, Lavaysse & Viguiere; la confrontation faite ledit jour 6 mars 1765, de ladite Jeanne Viguiere audit Jean-Pierre Calas; la confrontation faite le même jour de ladite veuve Calas, & desdits Jean-Pierre Calas & Jeanne Viguiere, chacun séparément, audit Alexandre-François-Gualbert Lavaysse; les confrontations faites de ladite veuve Calas, & desdits

Jean-Pierre Calas & Lavaysse, chacun séparément, à ladite Jeanne Viguiere le même jour: Le mémoire imprimé, signé Élie de Beaumont, joint de la part de ladite veuve Calas & de ses enfans, signifié le 2 mars 1765: La requête présentée auxdits Maîtres des Requêtes, le 2 mars 1765, par chacun desdits veuve Calas, Jean-Pierre Calas, Lavaysse & Jeanne Viguiere, séparément employée pour moyens d'atténuation de l'accusation contre eux intentée devant les Capitouls de Toulouse, & par laquelle ils ont conclu à ce qu'il plût auxdits Maîtres des Requêtes les décharger de la fausse accusation contre eux intentée devant les Capitouls de Toulouse; ordonner que leurs écrous seroient rayés & biffés de tous registres où ils se trouveroient inscrits; à quoi faire les Greffiers, Concierges & Geoliers des prisons, seroient contraints, même par corps, en vertu du Jugement souverain qui interviendroit, lequel seroit transcrit en marge desdits écrous; ordonner que le jugement souverain qui interviendroit seroit imprimé, lû, publié & affiché par-tout où besoin seroit, sous la

Demandes des accusés, à fin d'être déchargés de l'accusation.

réserve expresse qu'ils faisoient de se pourvoir, pour raison de leurs dommages & intérêts, de la manière, ainsi & contre qui il appartiendroit, sur chacune desquelles quatre requêtes il a été réservé à faire droit en jugeant, les pièces y jointes : La requête présentée auxdits Maîtres des Requêtes, le 7 mars 1765, par ladite veuve Calas, & lesdits Jean-Pierre Calas, Lavaysse & Jeanne Viguiere, par laquelle ils ont conclu à ce qu'en rectifiant, expliquant & augmentant les conclusions par eux prises, il plût auxdits Maîtres des Requêtes, les décharger de la fausse accusation contre eux intentée devant les Capitouls de Toulouse, déclarer leurs emprisonnemens nuls, injurieux, tortionnaires & déraisonnables ; ordonner que leurs écrous seroient rayés & biffés de tous registres où ils se trouveroient inscrits, à quoi faire, ainsi qu'à les laisser sortir des prisons, les Greffiers, Concierges & Geoliers seroient contraints, même par corps, en vertu du jugement souverain qui interviendroit, lequel seroit transcrit en marge desdits écrous; quoi faisant ils en seroient & demeureroient bien

& valablement déchargés ; ordonner que le jugement souverain qui interviendroit seroit imprimé, lû, publié & affiché par-tout où besoin seroit ; leur permettre de prendre à partie les Capitouls de Toulouse, Assesseurs, Procureurs & Avocats du Roi de l'Hôtel de ladite ville de Toulouse, qui avoient instruit ou participé à l'instruction de leur procès & de défunt Jean Calas, & assisté au jugement dudit procès, & de les faire assigner auxdites Requêtes de l'Hôtel au Souverain, pour se voir condamner solidairement, 1.° en deux cents mille livres de dommages-intérêts envers ladite veuve Calas & ledit Jean-Pierre Calas son fils, résultans tant du procès injuste qui leur avoit été fait, que de la condamnation injuste à mort, prononcée contre ledit défunt Jean Calas, à laquelle ils avoient donné lieu, & de la vente de tous ses biens ; 2.° en trente mille livres de dommages-intérêts envers ledit Lavaysse, & en vingt mille livres envers ladite Viguiere, résultant du procès injuste qui leur avoit été fait ; 3.° en tous les dépens faits par ladite veuve Calas, lesdits Jean-Pierre Calas, Lavaysse, Jeanne Viguiere & ledit défunt

Demande des accusés, en prise à partie, & dommages-intérêts contre les Capitouls de Toulouse.

Jean Calas, tant devant les Capitouls de Touloufe, & au Parlement de Touloufe, qu'au Confeil du Roi & auxdites Requêtes de l'Hôtel, fous la réferve expreffe qu'ils faifoient de prendre par la fuite telles autres conclufions qu'ils aviferoient bon être, fur laquelle requête il a été réfervé à faire droit en jugeant : La requête préfentée auxdits Maîtres des Requêtes, par Anne-Rofe & Anne Calas, filles mineures dudit défunt Jean Calas, par laquelle elles ont conclu à ce qu'il plût auxdits Maîtres des Requêtes les autorifer à procéder fous l'affiftance & autorité de leur Procureur, fur la demande en prife à partie & en condamnation de dommages-intérêts qu'elles avoient à intenter contre les Capitouls de Touloufe, Affeffeurs, Avocats & Procureur du Roi de l'Hôtel de ladite ville de Touloufe, qui avoient inftruit ou participé à l'inftruction & au jugement du procès de leur père; ladite requête en date du 7 mars 1765, fur laquelle requête, il a été réfervé à faire droit en jugeant : La requête préfentée auxdits Maîtres des Requêtes, le même jour, par ladite veuve Calas, Jean-Pierre

Demande des veuve & enfans Calas, à ce que la mémoire de feu Jean Calas foit déchargée de l'accufation.

Pierre Calas, Louis Calas, Jean-Donat Calas, Anne-Rose & Anne Calas, leurs enfans, par laquelle ils ont conclu à ce qu'en leur adjugeant les conclusions par eux prises au procès, & dans le cas où lesdits Maîtres des Requêtes croiroient le pouvoir sans Lettres du Prince, il leur plût déclarer la mémoire dudit défunt Jean Calas purgée, & la décharger de la calomnieuse accusation contre lui intentée; déclarer pareillement qu'il est mort dans toute l'intégrité de son état, & innocent du crime de parricide à lui faussement imputé; ce faisant, remettre sa mémoire en sa bonne fame & renommée, & la rétablir en tout son entier, telle qu'elle étoit avant la fausse accusation contre lui intentée, avant la sentence & l'arrêt de son injuste condamnation & avant son exécution, le tout cassé par l'arrêt du Conseil d'État du Roi du 4 juin 1764; déclarer son emprisonnement injurieux, tortionnaire & déraisonnable; ordonner que l'écrou fait de sa personne seroit rayé & biffé de tous registres où il se trouveroit regiſtré, en vertu du jugement souverain à intervenir qui seroit transcrit en marge d'iceux,

C

à ce faire tous Greffiers, Geoliers & dépositaires des regiſtres contraints par corps, quoi faiſant déchargés; en conſéquence, ordonner que ladite veuve Calas & ſes enfans reſteroient aux termes de droit, en la poſſeſſion & jouiſſance des biens de ſa ſucceſſion, ſans qu'à cauſe de tout ce que deſſus, il pût leur être imputé aucune incapacité ni note d'infamie quelconques qui, en tant que de beſoin étoit ou feroit, demeureroient ôtées & effacées, avec défenſes à toutes perſonnes de quelque qualité & condition qu'elles fuſſent, de leur en faire le moindre reproche, à peine de punition exemplaire, & de tous dépens, dommages & intérêts; ordonner que le jugement ſouverain qui interviendroit ſeroit imprimé, lû, publié & affiché par-tout où beſoin feroit; & dans le cas où leſdits Maîtres des Requêtes n'eſtimeroient pas devoir prononcer ladite réhabilitation ſans Lettres du Prince, en ce cas qu'il plût auxdits Maîtres des Requêtes, leur réſerver à ſe retirer par-devers le Roi, à l'effet d'obtenir ſes Lettres expreſſes pour purger la mémoire dudit défunt Calas; ſe réſervant en outre tous leurs droits &

actions, & à prendre telles autres conclusions qu'ils aviseroient; sur laquelle requête il a été réservé à faire droit en jugeant: La requête présentée auxdits Maîtres des Requêtes, ledit jour 7 mars 1765, par Louis Calas, Jean-Donat Calas, Anne-Rose & Anne Calas, tous quatre enfans de défunt Jean Calas, lesdites Anne-Rose & Anne Calas mineures, procédant sous l'assistance & autorité de Joseph Oyon leur procureur, & par ledit Joseph Oyon pour les autoriser; par laquelle ils ont conclu à ce qu'il plût auxdits Maîtres des Requêtes, leur permettre de prendre à partie les Capitouls de Toulouse, Assesseurs, Avocats & Procureur du Roi de l'Hôtel de ladite ville de Toulouse, qui avoient instruit ou participé à l'instruction du procès dudit défunt Jean Calas leur père & de ses co-accusés, & assisté au jugement dudit procès; & de les faire assigner auxdites Requêtes de l'Hôtel, au Souverain, pour se voir condamner solidairement; 1.° en deux cents mille livres de dommages & intérêts, résultans de la condamnation injuste à mort prononcée contre leur père à laquelle ils avoient donné lieu, & de

Demande des enfans de Calas, en prise à partie & dommages-intérêts, contre les Capitouls de Toulouse.

C ij

la vente de tous ſes biens ; 2.° en tous les dépens faits tant devant les Capitouls & au Parlement de Toulouſe, au Conſeil & auxdites Requêtes de l'Hôtel, ſous la réſerve expreſſe qu'ils faiſoient de prendre par la ſuite telles autres concluſions qu'ils aviſeroient bon être ; ſur laquelle requête il a été réſervé à faire droit en jugeant : Concluſions du Procureur général du Roi. APRÈS que leſdits Anne-Roſe Cabibel, veuve dudit Jean Calas; Jean-Pierre Calas, Alexandre-François-Gualbert Lavayſſe & Jeanne Viguiere ont été interrogés derrière le Barreau, chacun ſéparément, pour ce mandés & amenés des priſons de la Conciergerie du Palais où ils ont enſuite été reconduits : Ouï le rapport du ſieur Dupleix de Bacquencourt, Chevalier, Conſeiller du Roi en ſes Conſeils, Maître des Requêtes ordinaire de ſon Hôtel, Commiſſaire à ce député ; tout vu & conſidéré :

LES MAÎTRES DES REQUÊTES ORDINAIRES DE L'HÔTEL DU ROI, Juges

souverains en cette partie, tous les Quartiers assemblés, faisant droit sur le procès, ensemble sur les requêtes & demandes desdits Anne-Rose Cabibel, Jean-Pierre Calas, Alexandre-François-Gualbert Lavaysse, Jeanne Viguiere accusés, & desdits Louis, Jean-Donat, Anne-Rose & Anne Calas, ont déchargé & déchargent Anne-Rose Cabibel, Jean-Pierre Calas, Alexandre-François-Gualbert Lavaysse & Jeanne Viguiere, de l'accusation intentée contre eux; ORDONNENT que leurs écrous seront rayés & biffés de tous registres où ils se trouveront inscrits; à quoi faire, comme aussi à les mettre hors des prisons de la

Conciergerie, où ils sont détenus, tous Greffiers, Concierges & Geoliers seront contraints, même par corps, en vertu du présent jugement, lequel sera transcrit en marge desdits écrous; quoi faisant, ils en demeureront bien & valablement déchargés : DÉ-CHARGENT pareillement la mémoire de Jean Calas, de l'accusation contre lui intentée; ordonnent que son écrou sera rayé & biffé de tous registres; à quoi faire, tous Greffiers, Concierges & Geoliers seront contraints, même par corps; comme aussi à inscrire le présent jugement en marge desdits écrous, quoi faisant ils en demeureront bien & valablement déchargés : Sur la demande desdits Anne-Rose Cabibel, Jean-Pierre Calas, Alexandre-François-Gualbert Lavaysse, Jeanne Viguiere, Louis, Jean-Donat, Anne-Rose & Anne Calas, en prise à partie & dommages-intérêts, les ont renvoyés & renvoyent à se pourvoir ainsi qu'ils aviseront. Ordonnent qu'à la diligence du Procureur général de Sa Majesté, le présent Jugement sera imprimé & affiché par-tout où besoin sera. Donné à Paris, aux Requêtes de l'Hôtel, le neuf mars mil sept cent soixante-cinq. Collationné. *Signé* DEFORGE.

A PARIS, DE L'IMPRIMERIE ROYALE. 1765.

www.ingramcontent.com/pod-product-compliance
Lightning Source LLC
Chambersburg PA
CBHW060520050426
42451CB00009B/1080